大人気YouTuber秘伝のレシピ大公開！

MIYUの爆食やみつきご飯

MIYU

宝島社

はじめに

みなさんへ

手に取っていただきありがとうございます☆

いつも応援してくれているみなさんのおかげで
今回、初のレシピ本が発売になりました！

この本には、いつも動画で食べているレシピを
ぎゅっと詰め込みました。

動画でMIYUが食べているのは大体6人分。
でも、この本のレシピは、みなさんが食べやすいように2人分など
作りやすい分量のレシピにしています。
MIYUからのレシピのポイントや感想は、
「MIYU'S VOICE」を参考にしてください。

材料もどこのおうちにもあるものや手に入りやすいもので
作っているので、すぐに真似できると思います。

作り方もとってもシンプルだから、
普段料理をしない人でも作れる！というものがたくさんあります。

簡単にできるのに、とってもおいしくて、音も良いので
食べるのがさらに楽しくなると思います！
それぞれのレシピにMIYUが食べている動画の
二次元コードをつけたので、
作ったら、動画を見ながらMIYUといっしょに食べましょう。

MIYU

MIYUちゃんの動画やSNSはこちら！

YouTubeチャンネル
「MIYU ASMR」

YouTubeサブチャンネル
「MIYU ASMR second☺」

Instagram
「miyuasmr」

LINE VOOM
「MIYU ASMR」

＼ 実はこんなに食べてます！ ／

人気レシピをMIYUサイズで紹介

YouTubeチャンネル「MIYU ASMR」で紹介されているレシピの中から、人気の3つをピックアップ！
動画で実際にMIYUちゃんが食べているMIYUサイズのレシピを紹介しちゃいます。

1

recipe name:

手作りの苺チョコ大福

MIYU's Voice

苺×チョコ×モチモチ♡ チョコといっしょだから苺が酸っぱく感じるんだろうなと思っていましたが、逆に甘く感じました！ 不思議な大発見です。大福を餅で作ることもできますが、やわらかくしたかったら白玉粉がおすすめです♪ まるでお店に売っているようなおいしさです。少し時間はかかりますが、でき立てのおいしさを味わってもらいたいので、ぜひ作ってみてください♪

Check! YouTube

材料 12個分

白玉粉	150g
ココア	15g
水	300mℓ
砂糖	210g
片栗粉（打ち粉用）	適量
苺	12個
ヌテラ	大さじ12
ココア（コーティング用）	適量

作り方

1. 耐熱ボウルに白玉粉、ココア、水を入れて混ぜ合わせる。
2. ラップをふわっとかけ、電子レンジ（500W）で1分加熱する。
3. 2に砂糖を半量加えて混ぜ合わせてラップをふわっとかけ、電子レンジ（500W）でさらに1分加熱する。
4. 3に残りの砂糖を加え、透明感が出るまでよく練り合わせる。
5. バットに片栗粉をひき、4を入れて棒状に成形し、12等分に分ける。
6. 苺はヘタをとっておく。ヌテラは12等分しておく。
7. 5のひとつを打ち粉をしたまな板などにのせ、直径6cm程度の円形にのばす。
8. 7にヌテラ、苺をのせて包んだらコーティング用のココアを茶こしでふりかける。

チョコたっぷりのリッチな味わいと
苺の甘酸っぱさがマッチ

CHOCO MILK PUDDING

500万回以上の再生回数を誇る

簡単＆おいしい超バズレシピ

recipe name:

手作りの チョコミルクプリン

Check! YouTube

MIYU's Voice

板チョコと粉寒天とグラニュー糖と牛乳。たった4つの材料で作ることができる、ものすごくシンプルでプルプルなプリン。チョコレートの味わいが濃厚だから、このプリンに合う飲み物第1位は牛乳！ 手づかみでかじって食べると楽しいですし、プリンをかじる瞬間の歯触りが気持ち良くて音も良い♪ 牛乳パックから取り出す瞬間と包丁で切る瞬間は、やみつきになる気持ち良さです。

材料 6人分

板チョコ（ミルク）……………………600g（12枚）
粉寒天……………………………………9g
グラニュー糖……………………………150g
牛乳……………………………………1260㎖

※500㎖入りの紙パックを型に使うので取っておく

作り方

1 板チョコを包丁で細かく刻む。

2 1、そのほかの材料をすべて鍋に入れ、沸騰しないように混ぜながら温め、火を止めてさらに手早く混ぜる。

3 温度が下がると寒天が固まり始めるので、すぐに牛乳パックに注ぎ、粗熱が取れたらラップをして、ひと晩冷蔵庫で冷やし固める。牛乳パックの注ぎ口はハサミで切って開いておく。

recipe name:

麻薬たまご

MIYU's Voice

味付けされた卵って何でこんなにおいしいんでしょう♡ 甘辛い味付けをよく染み込ませるとご飯との相性も抜群です!! 麻薬たまごをおかずにすると、ご飯がたまらなくおいしい！ MIYUは1個をひと口で食べてしまいます♪ 口の中でとろける食感が良すぎます。唐辛子が入っているけど辛すぎず食べやすいです。この卵の味付けは天才的♡ 半熟なので、半分に切るときれいな断面が！

Check! YouTube

材料 6人分

- 卵 …… 18個
- 青ねぎ …… 1/2束
- A
  - にんにく …… チューブ9cm
  - 砂糖 …… 大さじ9
  - 白ごま …… 大さじ4と1/2
  - 鷹の爪(輪切り) …… 3本分
  - めんつゆ …… 600mℓ

作り方

1. 鍋にたっぷりと水(分量外)を入れ、沸騰したら卵をひとつひとつお玉にのせて割れないようにゆっくり入れ、7分ゆでる。
2. 1の卵を氷水で冷やし、粗熱が取れたら殻をむく。
3. 青ねぎを小口切りにする。
4. 3、Aを保存袋に入れてよく混ぜ、2を入れて空気を抜き、ひと晩漬け込む。

MAYAKU TAMAGO
一度食べたら絶対やみつき！
漬けておくだけでゆでたまごが主役に

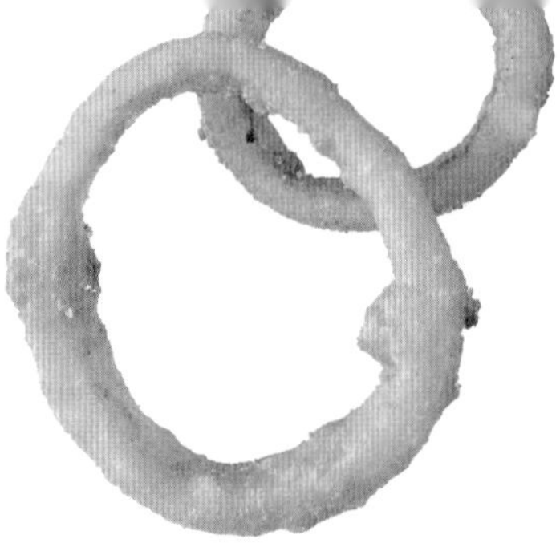

Contents

Part 1
主菜・主食・副菜
SHUSAI / SHUSHOKU / FUKUSAI

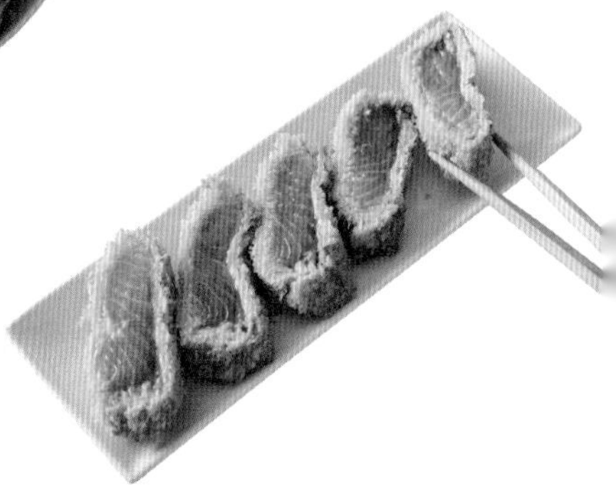

Part 2 スイーツ編

SWEETS

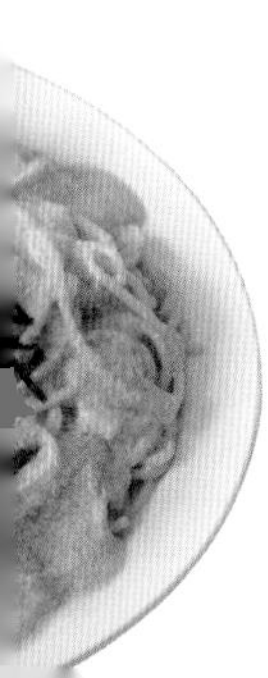

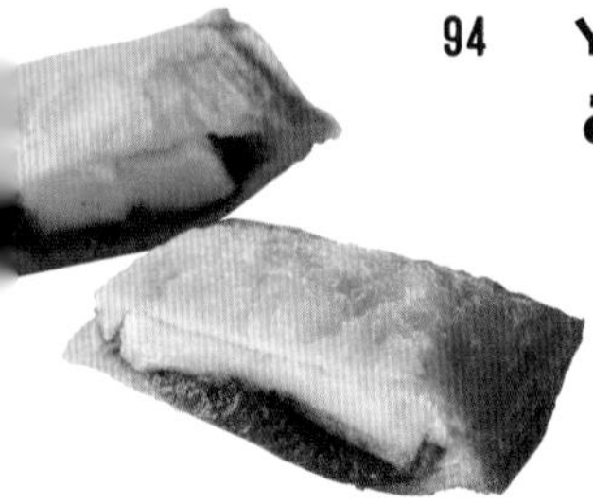

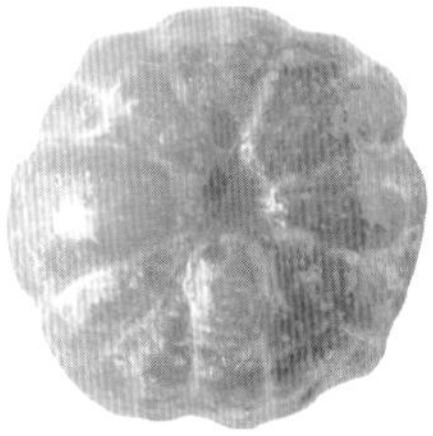

この本の見方

●本誌のレシピはYouTubeチャンネル「MIYU ASMR」を参考に、食べやすく、作りやすく調整しています。

●大さじは約15gまたは15㎖、小さじは約5gまたは5㎖です。

●火加減、電子レンジの加熱時間は目安です。お使いのコンロや調理器具、機種に合わせて様子を見ながら調節してください。

●バターは有塩が基本です。無塩のものを使うときは、レシピに記載しています。

●レシピ内のヌテラ（NUTELLA）はイタリアのフェレロ社のチョコレート風味のスプレッド、スパム（SPAM）はアメリカのホーメルフーズ社のランチョンミート、オレオ（OREO）はアメリカのナビスコ社のサンド・チョコレートクッキーのことです。雪見だいふくはロッテ発売の氷菓です。

Part 1

主菜・主食・副菜

SHUSAI / SHUSHOKU / FUKUSAI

「サクッ」という音や食感が楽しめる揚げ物、素材を味わうレア感がたまらない肉＆魚介類など、ガッツリ食べたいときにおすすめの主菜・主食・副菜レシピを紹介。味だけでなく、「サクサク」「むにゃむにゃ」の音＆食感を楽しみながら食べれば気分もアガります☆

recipe name:

牛カツ

MIYU's Voice

揚げることによってサクサクな食感が加わっておもしろいです。動画の中では、ポン酢しょうゆと抹茶塩をつけていただきました。ポン酢しょうゆをつけるとさっぱり食べられるのでおすすめです。抹茶塩は牛肉の甘みを感じられます♪ レア好きの方は揚げ時間1分がおすすめ。断面がきれいなピンク色になります。そうでない方も揚げすぎるとかたくなるので、気をつけてくださいね！

Check! YouTube

材料 2人分

［バッター液］

- 卵 ……………… 1個
- 薄力粉 ……………… 大さじ4
- 水 ……………… 30 ㎖

- 牛ステーキ肉 ……… 1枚（今回は400g）
- 塩・こしょう ……………… 各少々
- パン粉 ……………… 適量
- サラダ油 ……………… 適量

作り方

1. バッター液を作る。バッター液の材料をすべてボウルに入れ、ダマにならないようトロトロになるまで混ぜ合わせる。
2. ステーキ用牛肉を常温に戻し、塩・こしょうをふる。
3. 2を1にくぐらせ、パン粉をまぶす。
4. 180度に熱したサラダ油で数十秒だけ揚げる。パン粉だけを揚げるイメージで、中はレアのままがおすすめ。お好みでポン酢しょうゆや抹茶塩、わさび（すべて分量外）をつけて食べる。

BEEF-CUTLET

サクッと軽いのに
ボリューム感あり！
お肉の味を満喫しよう♪

超レアに仕上げて「外サクサク&中ジューシー」がMIYU揚げの鉄則

MON CUT

recipe name:

サーモンレアカツ

MIYU's Voice

サーモンレアカツは、中をレアにするのがポイントです！ うまく揚げることができれば、お刺身と揚げ物のいいとこどり♪ お刺身の味がするのにサクサクジューシーで不思議な気分になります。サーモンに下味をつけるので、そのままでももちろんおいしい！ P18で紹介している「万能タルタルソース」との相性がバツグンなので、ぜひいっしょに試していただけたらうれしいです。

Check! YouTube

材料 2人分

サーモン（刺身用）……1さく
塩・こしょう……各少々
バッター液……適量
※分量、作り方はP14参照
パン粉……適量
サラダ油……適量

作り方

1 サーモンに塩・こしょうをふる。

2 バッター液につけ、パン粉をまぶす。

3 180度に熱したサラダ油で数十秒だけ揚げる。パン粉だけを揚げるイメージで、中はレアのままがおすすめ。お好みでタルタルソース（P18参照）をつけるとさっぱり。

recipe name:

大きな海老フライ タルタルもたっぷり

MIYU's Voice

このレシピは「万能タルタルソース」がポイント！ 玉ねぎときゅうりのシャキシャキ感、酢とレモンのさわやかさで揚げ物のおいしさを際立たせてくれます。どんな揚げ物もヘルシーに、そしてさっぱりさせてくれて、いくらでも食べられます!! とても簡単に作れる、食卓に欠かすことのできない万能タルタルソースです。たっぷり作って、いろいろな揚げ物に合わせてみてください！

Check! YouTube

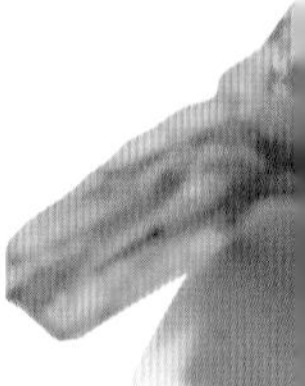

材料 2人分

［タルタルソース］

- ゆで卵 ……… 1個
- 玉ねぎ ……… 1/4個
- きゅうり ……… 1/2本
- A
  - マヨネーズ ……… 大さじ4
  - 米酢 ……… 大さじ1
  - 塩・こしょう ……… 各少々
  - レモン汁 ……… 1/8個分

- エビ ……… 8尾
- 塩・こしょう ……… 各少々
- バッター液 ……… 適量

※分量、作り方はP14参照

- パン粉 ……… 適量
- サラダ油 ……… 適量

作り方

1. タルタルソースを作る。ゆで卵、玉ねぎ、きゅうりをそれぞれみじん切りにしてボウルに入れ、Aをすべて入れて混ぜ合わせる。
2. エビに塩・こしょうをふる。
3. 2をバッター液にくぐらせ、パン粉をまぶす。
4. 180度に熱したサラダ油で揚げたら、1をたっぷりつけて食べる。

FRIED SHRIMP WITH TARUTARU

ザクザク野菜で
シャキシャキいい音！
何にでも合う万能タルタル

コクのある食べやすい辛味で
ご飯のおともにぴったり♪

Y RAW SHR

recipe name:

ぷりっぷりな辛い生エビ

MIYU's Voice

ごま油の香りとコチュジャンのピリ辛な味わい、そして、エビのぷりんぷりんな食感が合わさって、最高のご飯のおともになりました！気づいたらご飯がなくなってしまいます(笑)。動画ではご飯を別に盛っていますが、丼にするのもおすすめです。エビは1本丸ごとでもいいですし、大きい場合はひと口大にカットしてから漬けて、卵黄を真ん中にのせれば簡単ユッケのでき上がり。

Check! YouTube

材料 2人分

生エビ(刺身用)……16尾
片栗粉……大さじ1
A
- コチュジャン……小さじ1
- みりん……小さじ1
- 酒……小さじ1
- おろしにんにく……少々
- ごま油……小さじ1/2

飾り用白ごま……小さじ1/2

作り方

1. 生エビは殻をむき、背わたを取る。
2. 1をボウルに入れ片栗粉をまぶして軽く揉み、水がきれいになるまで洗ったらキッチンペーパーで水気をふき取る。
3. Aをすべてボウルに入れて混ぜ合わせたら、2を加えてさらに混ぜ合わせる。
4. 器に盛りつけ、白ごまをふる。

recipe name:

明太マヨ唐揚げ

MIYU's Voice

唐揚げだけでもご飯に合いますが、明太マヨソースをかけると、もっとご飯が進むようになります！ とにかくおいしすぎます♡ 明太子のピリ辛なうまみとマヨネーズのまろやかさがちょうどよく合わさって永遠に食べられます。マヨネーズと明太子の割合はお好みで。そこにすこ～しだけしょうゆを入れるのがポイントです♡ 本当においしすぎるので食べすぎ注意です！

Check! YouTube

材料 2人分

A
- おろししょうが……1かけ分
- にんにく……チューブ3cm
- しょうゆ……大さじ1
- みりん……小さじ1

鶏もも肉……500g

溶き卵……1個分

B
- 薄力粉……70g
- 片栗粉……70g
- パン粉……35g

サラダ油……適量

［明太マヨソース］

明太子……1腹（約60g）

マヨネーズ……60g

しょうゆ……大さじ1

作り方

1 Aをすべてボウルに入れて混ぜ、ひと口大に切った鶏もも肉を加えて揉み込み、10分おく。

2 漬け込んでいる間に明太マヨソースを作る。明太子をほぐし、マヨネーズ、しょうゆと混ぜ合わせる。

3 1を溶き卵にくぐらせたら、混ぜ合わせたBの衣をまぶし、180度に熱したサラダ油で5分程度揚げる。

MENTAI MAYO FRIED CHICKEN

にんにく香るザクザク唐揚げを
明太マヨでバージョンアップ！

ガッツリ食べたい!!
そんな気持ちを満たす
揚げ物プレート

CHICKEN & SAUS

recipe name:

唐揚げ
揚げウインナー

MIYU's Voice

言うまでもなくご飯との相性が良すぎる唐揚げ。W揚げ物なので、唐揚げにはレモンをかけるとさっぱりして食べやすくなりますよ。唐揚げとウインナーって、お弁当の定番。入っているとうれしくなる料理なので、たくさん作って、翌日のお弁当に入れるのもありです！ でもやっぱり、唐揚げもウインナーも一番おいしいのは揚げたて！ カリカリな食感と溢れる肉汁を楽しんでください♪

Check! YouTube

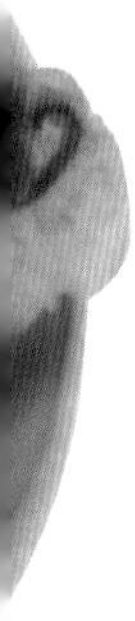

材料 2人分

ウインナーソーセージ ………… 10本
サラダ油 ………… 適量

※唐揚げの材料はP22と同じ

作り方

1 ウインナーは縦に切り込みを入れてタコさんにしたり、ななめに切り込みを入れたり好きな形にする。

2 180度に熱したサラダ油で、ウインナーを揚げる。
※唐揚げの作り方はP22と同じ

recipe name:

和牛のステーキ

MIYU's Voice

幼少期からステーキが大好きで、子どもの頃はレストランに行くと、ステーキを2〜3回おかわりしていました(笑)。好きが高じてうまく作れるようになりました♡ こだわりはお肉のうまみを生かすことです。はじめに強火で焼くことでおいしい和牛のうまみをぎゅっと閉じ込めます。動画では松坂牛で作っています。和牛ステーキならではの歯切れが良い食感をぜひ、楽しんでください！

Check! YouTube

材料 2人分

和牛ステーキ肉	1枚(今回は500g)
サラダ油	適量
塩・こしょう	各少々
にんにくパウダー	少々
もやし	1袋
ニラ	1/2束
わさび	適量

作り方

1. 和牛ステーキ肉は常温に戻しておく。
2. フライパンを強火で温め、油をひく。フライパンが温まったら1をのせ、塩・こしょう、にんにくパウダーをふりかける。
3. 少し焦げ目がつく程度に焼き色がついたら、裏返して塩・こしょう、にんにくパウダーをふりかける。
4. 焼き色がついたら弱火にして1分ほど焼く。
5. 肉を取り出し、そのまま同じフライパンにもやし、3〜4㎝の長さに切ったニラを入れ、塩・こしょう、にんにくパウダーをかけて中火から強火で炒める。野菜はお好みでOK。
6. 5、カットした4を器に盛り、ステーキはわさびをつけて食べる。

WAGYU STEAK

記念日など贅沢した日は、
豪華な食材で
リッチなディナーを

ON WITH MAYO S

脂ののったサーモンが
ヨーグルトを使ったマヨソースでさっぱり

recipe name:

いくらマヨソースのサーモン

Check! YouTube

MIYU's Voice

特製マヨソースには、ヨーグルトを入れているので、とてもさっぱり仕上がっています。脂ののったサーモンにぴったり。ソースが白っぽいので、いくらの赤とサーモンのオレンジが食卓を華やかに彩ってくれること間違いなし!! サーモンのお刺身に特製マヨソースといくらをかけたこの食べ方、生のサーモンはしょうゆでしか食べないという人もぜひ、試してみてほしいです♪

材料 2人分

［万能マヨソース］

マヨネーズ ……… 大さじ6

カスピ海ヨーグルト ……… 大さじ6

塩 ……… 少々

サーモン（刺身用） ……… 1さく

いくら ……… 適量

作り方

1 万能マヨソースを作る。マヨネーズ、カスピ海ヨーグルトを混ぜ合わせ、塩を加えてさらに混ぜる。

2 食べやすい大きさに切ったサーモンにいくらを散らし、1を回しかける。

recipe name:

巨大なエビマヨ

MIYU's Voice

おいしそうなエビを店頭で見つけると、すぐに何料理にしようかと考えてしまいます(笑)。どんなエビ料理でも好きなのですが、エビチリ、エビマヨは特別です♡ どちらにしても、プリプリのおいしいエビが食べられるとテンションが上がります。酒で臭みをとることを忘れずに。エビマヨとご飯の食べ合わせもまた最高！ たっぷりのご飯とたっぷりのエビマヨで食事を楽しんでください♪

Check! YouTube

材料 2人分

	エビ	300g
A	酒	大さじ1/2
A	塩	少々
A	砂糖	少々
A	おろししょうが	小さじ1/2
	片栗粉	適量
	ごま油	小さじ1/2
	サラダ油	適量
B	長ねぎ(みじん切り)	1/8本分
B	マヨネーズ	大さじ3
B	ウスターソース	小さじ2
B	砂糖	小さじ2
B	牛乳	小さじ1
B	ケチャップ	小さじ1
B	酢	小さじ1/2
B	おろしにんにく	小さじ1/2
B	しょうゆ	小さじ1/4

作り方

1. エビは殻をむき、背わたを取る。片栗粉をまぶして揉み込んだら、水洗いして水気をきれいにふき取る。
2. ボウルに1を入れ、Aを加えて揉み込み、片栗粉をまぶす。
3. フライパンを温めて、ごま油、サラダ油を熱し、2を両面カラッと揚げ焼きにする。
4. Bを別のボウルに合わせておき、3を入れて絡める。

GIANT SHRIMP MAYO

♪シャクシャク♪
たっぷりのねぎが
味、食感のアクセントに

びよ〜んと伸びるチーズが楽しい☆
スナック感覚で食べられて
小腹満たしにも

Part1 SHUSAI / SHUSHOKU / FUKUSAI

MOCHI CHEESE

recipe name:

いも餅 チーズボール

MIYU's Voice

サクサク、モチモチ、ふわふわなチーズボール。餅粉を混ぜることでモチモチ感が出ます。じゃがいもはホクホク感がありつつ、揚げてもその水分が残っているので飲むように食べられちゃいます(笑)。熱々がおいしいのでやけどしないように気をつけながら、いつもでき立てを食べるようにしています。チーズがフライドポテトに包まれているような、魅惑的な一品。ぜひ、ご賞味ください♡

Check! YouTube

材料 2人分

	じゃがいも(皮をむいた状態)	200g
A	餅粉	50g
A	砂糖	30g
A	塩	少々
A	溶き卵	1個分(約50g)
	さけるチーズ	4本
	サラダ油	適量
	ケチャップ	お好み
	マヨネーズ	お好み

作り方

1 じゃがいもを乱切りにしたらボウルに入れてラップをし、電子レンジ(600W)で竹串がスーッと通るまで6分程度加熱する。

2 1をフォークの背で潰して裏ごしし、Aを加えて混ぜ合わせ、耳たぶ程度のやわらかさにしたら12等分にして丸めておく。

3 さけるチーズを1/3の長さに切り、チーズを完全に覆うように2で丸く包む。同様に12個作る。

4 170度に熱したサラダ油できつね色になるまで転がしながら揚げる。油に入れたら外が固まるまではチーズが出てしまうので触らないこと。また、揚げている途中でひび割れ、チーズが出てきたらチーズがはねて危険なのですぐに取り出すこと。お好みでケチャップ、マヨネーズをつけながら食べる。

recipe name:

スパムチーズフライ

MIYU's Voice

最近そのおいしさに気づいてハマったスパム。やわらかくてジューシーでしょっぱくて、食べると幸せな気分になります。今回のフライには薄く切ってチーズと合わせました。このふたつの組み合わせは、素晴らしい！ 両方の塩分で、しっかり味が付くのでご飯も進むし、きっとお酒も進みますよ♡ とろけたチーズはやけどしやすいので、注意してくださいね♪

Check! YouTube

材料 2人分

スパム	1缶
スライスチーズ	6枚
バッター液	適量

※分量、作り方はP14参照

パン粉	適量
サラダ油	適量

作り方

1 スパムを12等分にスライスしたら、スパム2枚の間にチーズ1枚を挟む。同様に6個作る。

2 1をバッター液にくぐらせ、パン粉をまぶして、180度に熱したサラダ油でカラッと揚げる。

CAMEMBERT CHEESE FRIES ONION RINGS

材料 2人分

- カマンベールチーズ（ホール）… 2個
- バッター液 …… 適量

※分量、作り方はP14参照

- パン粉 …… 適量
- 玉ねぎ …… 1/2個
- サラダ油 …… 適量

作り方

1. カマンベールチーズは丸ごとバッター液にくぐらせ、パン粉をまぶす。
2. 玉ねぎは輪切りにしてほぐし、バッター液をつける。
3. 180度に熱したサラダ油で1、2を揚げる。

Check! YouTube

recipe name:

丸ごとカマンフライ オニオンリング

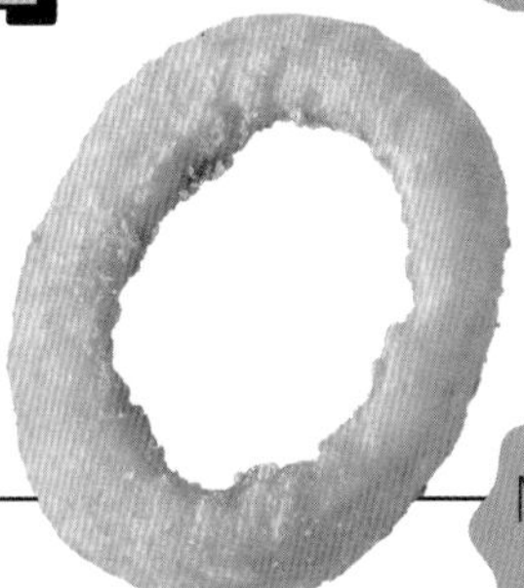

MIYU's Voice

チーズをフライにするとおいしさ倍増!!なので、大好きなのですが、揚げるときに溶け出して大惨事になることも(笑)。そんな私の救世主がカマンベールチーズのホールフライです♡ 食べられる白かびで覆われているので、揚げても中のチーズが溶け出しにくいです。白かび部分にはβラクトペプチドというとても体にいい成分が豊富に含まれているらしく、一石二鳥です♡

recipe name:

とろけるチーズフォンデュ

MIYU's Voice

チーズフォンデュは寒くなってくると食べたくなる一品ですね♪ きれいな黄色に仕上がるので食卓が一気に華やかになります！ トマトやブロッコリー、ウインナーを添えると彩りが鮮やかになるので、さらに華やか！ チーズが冷えてかたくなってきたら電子レンジで温め直すと簡単にでき立てのおいしさに戻せます♪ みんなでテーブルを囲んでワイワイ食べるのも楽しいですよ♡

Check! YouTube

材料 2人分

にんにく	1かけ
牛乳	100mℓ
ナチュラルチーズ	200g
片栗粉	大さじ1/2
バゲット	1/2本
ブロッコリー	1/2株
ウインナーソーセージ	5～6本
プチトマト	5～6個

作り方

1 包丁で切り込みを入れたにんにくを鍋の内側に擦りつけたら、牛乳を入れて沸騰しない程度に温める。

2 ナチュラルチーズに片栗粉をまぶしたら1に加え、弱火でトロトロになるまでヘラで混ぜ合わせる。

3 バゲットはひと口大に切る。ブロッコリーは小房に分け、電子レンジで竹串が通る程度になるまで加熱する。ウインナーは電子レンジで温める。

4 3、プチトマトを2とともに器に盛り、チーズに絡めて食べる。

CHEESE FONDUE

好きな具材を添えて☆
身近な材料で簡単にできる
本格料理！

揚げ物なのに
軽い&食べやすい！
チーズを挟んで
サクトロ食感に

E MILLE-FEUILLE C

recipe name:

チーズ ミルフィーユカツ

MIYU's Voice

しゃぶしゃぶ用の豚肉とスライスチーズを交互に重ねて作ります♪ 断面も本当にきれいで見た目通りにおいしいです♡ 揚げたてはかなり熱いのですが、おいしいのでそんなことは気になりません(笑)。チーズの塩味があるのでそのままでもおいしいですが、お好みでソースをかけるのもおすすめです。動画ではキムチといっしょに食べたのですが、正解でした♡ こちらもぜひ試してみてくださいね。

Check! YouTube

材料 2人分

- スライスチーズ……6枚
- 豚肉(しゃぶしゃぶ用)……30枚
- 塩・こしょう……各少々
- 小麦粉……適量
- バッター液……適量

※分量、作り方はP14参照

- パン粉……適量
- サラダ油……適量

作り方

1. スライスチーズはそれぞれ1枚を縦半分、横半分に4等分にする。
2. 豚肉に塩・こしょうと小麦粉をかけ、チーズを重ねる。これを数回繰り返す。
3. 2をバッター液にくぐらせ、さらにパン粉をまぶす。
4. 180度に熱したサラダ油に3を入れて、カラッと揚げる。

recipe name:

音が良すぎる
チーズ春巻き

MIYU's Voice

この料理、さけるチーズを春巻きの皮に巻いて揚げただけなんです♪ 味付けなどしなくても、チーズの塩気で十分♡ チーズが伸びるのも楽しい♪ 春巻きのパリパリ感、音も楽しくて、どんどん食べ進められます！ カリカリな物を食べると幸せな気分になりますね♡ 揚げている途中にチーズが爆発することがあるので注意！ おやつに、おかずに、ぜひチーズ春巻きを作ってみてください♡

Check! YouTube

材料 2人分

さけるチーズ ……………… 8本
春巻きの皮 ……………… 8枚
サラダ油 ……………… 適量
ケチャップ ……………… 適量
マヨネーズ ……………… 適量

作り方

1 さけるチーズは常温に戻しておく。

2 春巻きの皮に1を置いて巻き、180度に熱したサラダ油できつね色になるまで揚げる。

3 お好みでケチャップやマヨネーズをつける。

CHEESE SPRING ROLLS

伸び～るチーズが楽しい！
材料ふたつだけのパリッパリ春巻き

衣のコーンフレークでサクサク度MAX！
ソースで味変も◎

N & YANGNYEOM CH

recipe name:

韓国チキン ヤンニョムチキン

MIYU's Voice

にんにくの効いたカリカリチキン、とても香りがいいです。コーンフレークを衣にすることで、簡単にカリカリ食感にできます♪ 市販のヤンニョムソースをかければすぐに韓国にトリップして食べているかのような気分に♪ ハニーマスタードも合いますが、ヤンニョムソースや手作りチーズソースでもぜひ食べてみてください♡ いろいろな味を用意すると飽きずにたくさん食べられます♪

Check! YouTube

材料 2人分

手羽元 …… 10本
塩・こしょう …… 各少々
バッター液 …… 適量
※分量、作り方はP14参照
コーンフレーク …… 適量
サラダ油 …… 適量
ヤンニョムソース（市販） …… 適量
ナッツ …… 適量

［チーズソース］
クリームチーズ …… 100g
ヨーグルト …… 大さじ3
はちみつ …… 大さじ1〜2

作り方

1 手羽元に塩・こしょうで下味をつける。

2 1をバッター液にくぐらせ、コーンフレークを砕いてまぶす。

3 180度に熱したサラダ油で焦げないように揚げる。

4 3のうち5本はヤンニョムソースを絡め、砕いたナッツをまぶす。

5 チーズソースを作る。クリームチーズを電子レンジ（600W）で40〜50秒加熱し、なめらかになるまで練る。ヨーグルト、はちみつを混ぜ合わせる。

6 お好みでチーズソースにディップしながら食べる。

recipe name:

チーズハットグ

MIYU's Voice

ホットケーキミックスで作るチーズハットグは、生地が甘くておいしいです♡ 揚げるとふくらむのでボリュームが出ます。ボリュームを少し抑えたい場合は、餅粉を代用してくださいね♪ サクサク感が出るのでこちらもおすすめです。チーズハットグはひと口食べたときのチーズの伸びがとても重要！ ザクっとした食感、とろけて伸びるチーズ、ほんのり甘い生地、ぜひ味わってみてください。

Check! YouTube

材料 2人分

A
- ホットケーキミックス …… 200g
- 砂糖 …… 大さじ1
- 卵 …… 2個
- 牛乳 …… 大さじ3

- ウインナーソーセージ …… 4本
- さけるチーズ …… 4本
- とろけるスライスチーズ …… 4枚
- パン粉 …… 適量
- サラダ油 …… 適量
- 砂糖・ケチャップ・ハニーマスタード … 各適量

作り方

1. Aをすべて混ぜて生地を作る。
2. ウインナーの片端に放射線状に切り込みを入れる。
3. 2の切り込みの中心に割り箸を刺し、さらにさけるチーズを刺す。割り箸のまん中くらいまで通す。
4. 3にとろけるスライスチーズを巻く。
5. 4に1の生地を絡め、パン粉をまぶして170度に熱したサラダ油で揚げる。
6. 砂糖をまぶし、ケチャップとハニーマスタードをかける。

CHEESE HOTTEOK

甘じょっぱい味付けにハマる！
小腹が空いたときにもぴったり

コーン&マヨ&チーズで作るソースは
肉類やほかの麺とのアレンジもOK

CHEESE BULDAK BOKKEUM

recipe name:

コーンチーズ プルダックポックンミョン

MIYU's Voice

プルダックポックンミョンを食べたことがある人ならわかると思いますが……辛い!!! でもおいしくて好きなんです♡ コーンとチーズ、マヨネーズで作ったコーンチーズソースは、見た目が鮮やかになるうえに、辛味がいい具合にマイルドになり大好きなアレンジです。マイルドになったからといって、辛いソースは入れすぎると唇が腫れることもあるので、少しずつ試してみてくださいね♡

Check! YouTube

材料 2人分

プルダックポックンミョン …… 2袋
とうもろこし（缶詰・粒） …… 80g
シュレッドチーズ …… 80g
マヨネーズ …… 30g

作り方

1. プルダックポックンミョンを袋の表記に従って作る。
2. とうもろこし、シュレッドチーズ、マヨネーズを鍋で温めながら混ぜる。
3. 1を器に盛りつけ、2をかけたら完成。

recipe name:

プルダック麺生春巻き 揚げエノキ うずらの目玉焼き

MIYU's Voice

もともと麺がモチモチしているけれど、ライスペーパーに包むとさらにモチモチな食感が足されます♪ 包むことで手軽に手で食べられるようになったことは、もはや革命です！ 付け合わせには、サクサク揚げエノキを。シンプルに塩だけで食べてもおいしいです。香ばしい香りがたまりません。うずらの目玉焼きはミニチュアサイズでとってもかわいいのでぜひ作ってみてください♪

Check! YouTube

材料 2人分

プルダックポックンミョン ……… 1袋
ライスペーパー ……… 4枚
白ごま ……… 適量
刻みのり ……… 適量

［揚げエノキ］
えのきだけ ……… 1株
サラダ油 ……… 適量
塩 ……… 少々

［うずらの目玉焼き］
うずらの生卵 ……… 10個
サラダ油 ……… 適量

※チーズソースの材料はP42参照

作り方

1. 袋の表記に従い、プルダックポックンミョンを炒める。
2. ライスペーパーをぬらし、1の1/4量をのせて四角に包む。同様に4個作る。白ごま、刻みのりをのせる。
3. 揚げエノキを作る。えのきだけは、石づきを切り落とし、食べやすい大きさに切り分ける。180度に熱したサラダ油で揚げ、取り出したらすぐに塩をかける。
4. うずらの目玉焼きを作る。うずらの卵を割ってボウルに入れる。フライパンを温めて、サラダ油をひく。スプーンでうずらの黄身と白身をすくってフライパンにのせ、ふたをせずに焼く。
5. お好みでチーズソース（P42参照）をディップしながら食べる。

BULDAK NOODLES FRESH SPRING ROLLS

シャキッとエノキ、モチッと生春巻き。
いろんな食感が楽しめる

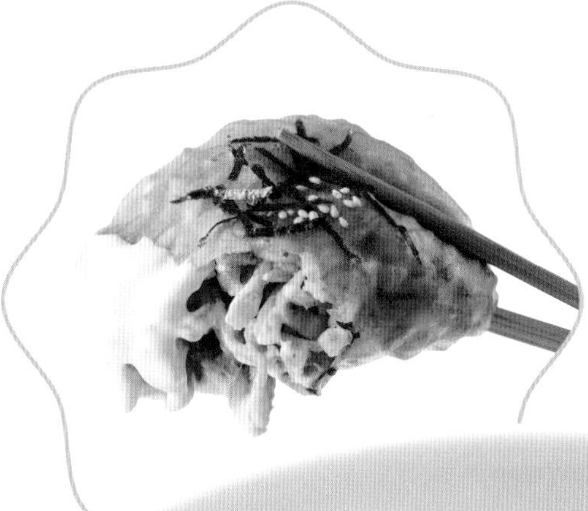

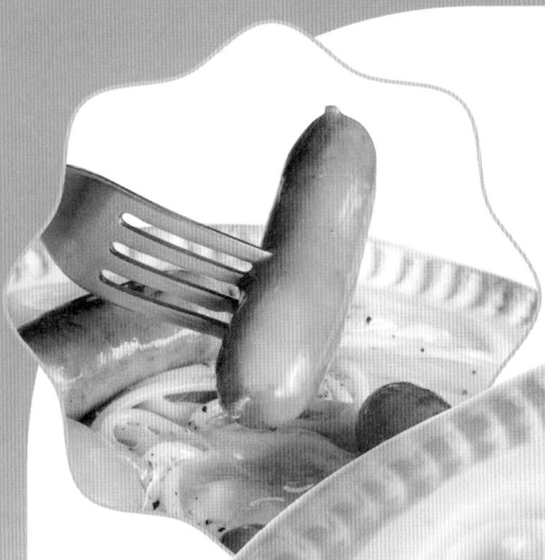

ONARA WITH WI

シンプルなカルボナーラは、プリッとウインナーでボリュームアップ

recipe name:

ウインナー乗せカルボナーラ

Check! YouTube

MIYU's Voice

王道のカルボナーラ。ソースに入れるチーズの量はお好みですが、たっぷり入れて濃厚に仕上げるのがおすすめです。にんにくを入れることで、味がぼやけず、おいしいカルボナーラになります。今回のレシピはベーコンではなくソーセージをトッピングしていますが、もちろんベーコンでも大丈夫！ 仕上げのブラックペッパーを忘れずに!! いいアクセントになりますよ♪

材料 2人分

- パスタ ……… 200g
- A
  - 卵黄 ……… 3個分
  - 牛乳 ……… 200mℓ
  - コンソメスープの素 ……… 小さじ1
  - 片栗粉 ……… 少々
- おろしにんにく ……… 少々
- 粉チーズ ……… 適量
- 塩・こしょう ……… 各少々
- 卵黄 ……… 2個
- ウインナーソーセージ ……… 6本
- 卵黄（仕上げ用）……… 2個
- 粗びき黒こしょう ……… 少々

作り方

1. パスタは表記されたゆで時間に従ってゆでておく。
2. 中火で熱したフライパンに混ぜ合わせたAを入れ、とろみが出るまで加熱する。おろしにんにく、チーズ、塩・こしょうを入れて味を調える。
3. 1を加えて絡め、卵黄を入れて混ぜ合わせる。
4. 3を器に盛り、フライパンで焼いたウインナーをのせる。仕上げ用の卵黄を中央にのせ、粗びき黒こしょうをふる。

recipe name:

たらこバタークリームパスタ 明太子クリームうどん

Check! YouTube

Check! YouTube

MIYU's Voice

たらこの量をお好みで調節したり、明太子に替えたりしてもOK。量が少ないとよりクリーミーな味わいになります。さっぱり食べたい方は大葉や刻みのりをのせるといいですよ♪　また、アレンジしたいときはぜひ、うどんに挑戦を！　うどんは明太子とより相性が良いです。やわらかくモチモチなうどんとピリ辛クリーミーな明太子クリームソースのハーモニーをぜひ堪能してください♪

材料 2人分

	パスタ	200g
A	牛乳	200mℓ
A	たらこ	70g
A	バター	20g
A	しょうゆ	大さじ1
	たらこ	1腹
	刻みのり	適量

作り方

1 パスタは表記されたゆで時間に従ってゆでておく。

2 中火で熱したフライパンにAを入れて加熱したら、1を加えて混ぜる。

3 器に盛り、たらこ、刻みのりをのせる。

〈明太子クリームうどんにする場合〉

パスタをうどんに、Aのしょうゆをめんつゆに替え、同様に作る。
3で盛りつけたあとは卵黄2個、小口切りにした青ねぎを適量のせる。

TARAKO BUTTER CREAMPASTA

ツルツル麺と
プチプチ明太子のコンビは
アレンジ無限大

MENTAIKO C
M UDON

コチュジャンで作るほんのりピンクの ロゼカラー

CREAM PASTA & S

recipe name:

ロゼクリームパスタステーキ

MIYU's Voice

ロゼは最近、韓国で話題になっているグルメのひとつ。このパスタのロゼクリームは、コチュジャンと生クリームと牛乳で作っています。ステーキとの相性も抜群です！ コチュジャンのピリ辛と生クリームの濃厚な味わいが最高のハーモニー♪ ステーキはレアがおすすめ。ロゼクリームがしっかりした味なので、ステーキは塩・こしょうだけのシンプルな味付けにしています♪

Check! YouTube

材料 2人分

	玉ねぎ	1/4個
	ブロックベーコン	150g
	サラダ油	適量
	にんにく	1/2かけ
	パスタ	300g
A	牛乳	200mℓ
A	生クリーム	50mℓ
A	コチュジャン	大さじ1
	乾燥パセリ	適量
	牛ステーキ肉	1枚（今回は400g）
	塩・こしょう	各少々

作り方

1. 玉ねぎをくし形切りにする。ベーコンはお好みの大きさに切る。
2. フライパンを温めて、サラダ油をひき、1を入れて炒め、さらにみじん切りにしたにんにくを入れる。
3. パスタは表記されたゆで時間に従ってゆでておく。
4. 2にAを入れて混ぜ合わせ、とろみがついたら3のパスタを加えてさらに混ぜ合わせる。器に盛りつけ、乾燥パセリをふりかける。
5. 牛ステーキ肉に塩・こしょうで下味をつけ、レアに焼いたらカットして4にのせる。

recipe name:

海老ユッケ丼

MIYU's Voice

この見た目、おいしいに決まっていますよね♡ 見た目通り、本当においしいんです。生のエビのコクのある甘み、さらにそこに濃厚な卵黄を加えたらもう……丼ぶりの王様です。エビの味付けが濃いめなので、ご飯は酢飯ではなく普通の白米がおすすめ。エビが好きな方にぜひ味わってもらいたい一品です。新鮮な生エビを見つけたらトライしてみてくださいね♪♡

Check! YouTube

材料 2人分

- A
  - ごま油 …… 10g
  - コチュジャン …… 10g
  - しょうゆ …… 10mℓ
- にんにく …… 少量
- 砂糖 …… 少々
- 刺身用生エビ …… 16尾
- 白飯 …… 茶碗2杯分
- 卵黄 …… 4個

作り方

1. Aをすべて混ぜ合わせ、にんにくと砂糖はお好みで少し加える。
2. 1に生エビを入れてなじませる。
3. 白飯の上に2をのせ、中央に卵黄をのせたら完成。

SHRIMP YUKKE BOWLS

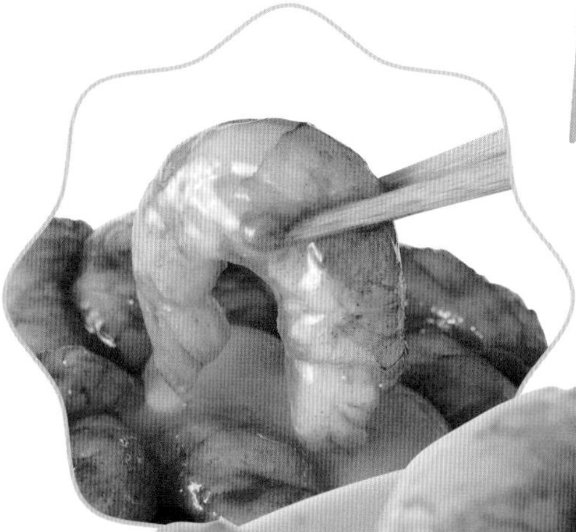

コクのある
コチュジャンのタレを
卵黄でまろやかに

麺状のサーモンをチュルチュル♪
ご飯にあうタレもGOOD

recipe name:

サーモン麺のユッケ丼

MIYU's Voice

サーモンをきれいに麺状に切るために、よく切れる包丁を用意することをおすすめします！ 麺状にすることで断面の面積が増えてタレがよく絡まります。脂ののったサーモンに濃厚なタレと卵黄のコクが合わさり、止まらないおいしさです。このタレだけでもとてもおいしいので、タレをおかずにご飯が食べられてしまいます♡ とても簡単に、しかもささっと大満足の味ができますよ♪

Check! YouTube

材料 2人分

サーモン（刺身用）……2さく

A
- 砂糖……大さじ2
- しょうゆ……大さじ4
- ごま油……大さじ4
- コチュジャン……大さじ4
- にんにく……チューブ適量

白飯……茶碗大盛り2杯分

卵黄……4個

白ごま……少々

作り方

1. サーモンを麺状に細長く切る。
2. Aをすべて混ぜ合わせたら、1と和える。
3. 白飯に2をのせ、まん中に卵黄をのせ、白ごまをふる。

recipe name:

炊き込みご飯

MIYU's Voice

材料をお鍋に入れて炊くだけで完成！ 炊飯器でもおいしくできますが、土鍋だとさらにおいしくなります。噛み締めるほどにうまみを感じる味わい深さがあります。こんにゃくを入れることで噛み応えが出て、カロリーを抑えることもできますよ。余ったらお茶漬けに。冷たいお茶でも温かいお茶でも、どちらもおいしいです。おにぎりにすれば夜食やお弁当にもぴったり♪

Check! YouTube

材料 作りやすい分量

米……2.5合
水……420mℓ
なめ茸……1瓶（370g）
ツナ缶（ファンシー）……1缶
こんにゃく（アク抜き済み・さいの目切り）……200g
塩……小さじ1/2
しょうゆ……小さじ1

作り方

1. 土鍋に洗った米とすべての材料を入れ、軽く混ぜ合わせる。
2. 中火で加熱し、沸騰したらふたを取ってザッと底をはがすようにしゃもじでかき混ぜる。
3. ふたをして弱火で15分加熱したら火を止め、10分蒸らす。底からよくかき混ぜる。

TAKIKOMI GOHAN

こんにゃくで
食べ応えアップ&
カロリーセーブの
うれしい効果

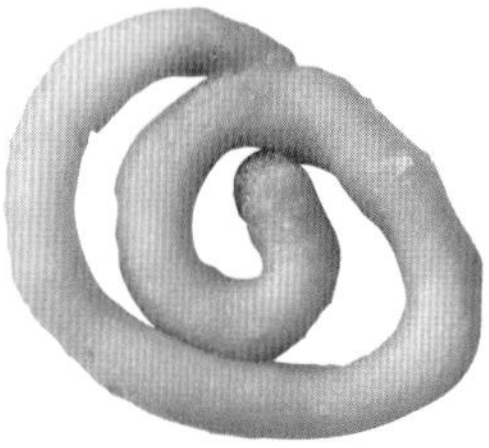

U-GURUPOT

好きな形を作る工程も楽しい☆
おやつ感覚で食べられるサクサクポテト

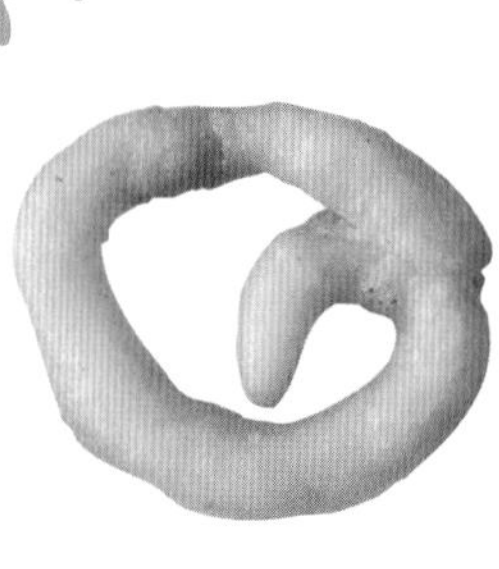

recipe name:

ぐるぐるポテト

MIYU's Voice

やわらかくてモチモチで不思議な食感のフライドポテト。いつもと違うフライドポテトが食べたい人におすすめです。ほんのり甘いので味付けなしでそのまま食べてもおいしいです♡ 味付けするならケチャップやマヨネーズ、オーロラソースが合いますよ。タネを絞って油に入れるのでハートや渦巻など好きな形にするのも楽しいです。ホームパーティーやおもてなし料理に出しても喜ばれます♪

Check! YouTube

材料 2人分

- じゃがいも(皮をむいた状態) …… 300g
- A
  - 無塩バター …… 50g
  - 米粉 …… 110g
  - 牛乳 …… 50 ㎖
  - 砂糖 …… 大さじ1
  - 塩 …… 小さじ1
- サラダ油 …… 適量
- 塩 …… 適量

作り方

1. じゃがいもは小さめの乱切りにして水にさらす。
2. 耐熱容器に1を入れてラップをし、電子レンジ(600W)で7分加熱する。
3. 2をマッシャーなどでなめらかになるまで潰したら、Aを加えて練る。タネがかたすぎる場合は、牛乳を少しずつ足して調節する。
4. 角を1cmカットしたビニール袋に3を入れ、180度に熱したサラダ油に渦巻きなど好きな形にしぼり入れる。しぼり出しにくい場合は、一度クッキングシートなどにしぼり出してから油に入れる。
5. 箸で触れても崩れないくらいしっかりまわりが揚がったら裏返し、両面きつね色になるまで揚げる。
油をきって、塩をかける。

recipe name:

じゃがバター

MIYU's Voice

アツアツのじゃがいもにたっぷりのバターをのせ、溶かして食べるのが最高です。チーズをのせても最高です。明太子をのせるのも、もちろん最高です！ いろいろなトッピングで、みなさんのお好みの味を見つけてくださいね♡ 切り込みを入れることで味が入りやすく、食べやすくなっています。でも、アツアツのじゃがバターを食べるときは、やけどに気をつけてくださいね♡

Check! YouTube

POTATO BUTTER

材料 2人分

じゃがいも	5個
バター	2かけ
塩	少々
シュレッドチーズ	適量
明太子	2腹

作り方

1 まな板の上によく洗った皮つきのじゃがいもを置き、その両端を箸で挟む。そのまま包丁で2mm幅に切り込みを入れる。同様に5個作る。

2 1を耐熱容器に入れラップをかけて電子レンジ(600W)で24〜30分ほど(じゃがいも1個につき4〜5分)よく加熱し、うち2個にはバターをのせ塩をふる。うち1個にシュレッドチーズ、残りの2個に明太子をそれぞれのせて完成。

材料 2人分

ベーコン……6枚
サラダ油……適量
卵……6個
塩……少々

作り方

1 ベーコンは半分の長さに切る。

2 フライパンを温め、サラダ油をひく。

3 2に1を並べ、2枚の上に生卵を1つずつ落とし、ふたをせずに焼く。卵の白身の部分に塩をかける。同様に6個作る。

BACON AND EGGS

Check! YouTube

recipe name:

ベーコンエッグ

MIYU's Voice

洋朝食の定番といえばこれ！ ベーコンエッグ。ベーコンの上に卵を落とすのでベーコンと目玉焼きを同時に味わうことができます。とろける卵と香ばしいベーコンのマリアージュが最高です♡ ベーコンの塩味がこんなにおいしいなんて!!!! 私は薄いベーコンの方が好きですが、厚みがあると食べ応えあり！ 動画では卵をたっぷり、10個食べていますが、みなさんはお好きな量で♪

recipe name:

じゃばらきゅうり

TORNADO CUCUMBER

MIYU's Voice

たった1時間漬けるだけできゅうりに魔法がかかったかのようにおいしくなります。じゃばらカットのおかげでよく味が染みています。おいしいです。そして、食感も素晴らしい！ ご飯のおともにはもちろん、お酒のつまみにもぴったりです。この1品があるだけで食卓が華やかになります。もしお子様向けに作るなら、鷹の爪はなくても大丈夫ですよ♡

Check! YouTube

材料 2人分

きゅうり……6本
塩……適量

A
- めんつゆ……250㎖
- 水……150㎖
- 鷹の爪(輪切り)……適量
- 中華スープの素……大さじ1
- しょうゆ……大さじ1
- 砂糖……大さじ1
- ごま油……大さじ2

作り方

1 きゅうりを塩で板ずりし、割り箸ではさみ細かく切り込みを入れ、じゃばらにする。

2 Aをすべてバットに入れて混ぜ合わせ、1を並べて入れ、冷蔵庫で1時間漬ける。

Part 2

スイーツ編

SWEETS

シンプルな材料＆作り方で簡単にできるMIYU流スイーツを紹介。ちょっとした工夫でサクッと音も食感も楽しめるアイデアレシピから、本格的なスイーツまで盛りだくさん！MIYUサイズで作ってホームパーティーのおもてなしスイーツにするのもおすすめです♪

recipe name:

ホイップとアイスたっぷりフレンチトースト

MIYU's Voice

子どもの頃、よく作っていたフレンチトースト。どんな風に作っても失敗しにくく、おいしくなるのでよく作りました。たっぷりのホイップクリームとアイスクリームを添えれば、ご褒美スイーツになります♡ 弱火で20分じっくり焼くと、ふっくらふくれてきて、おいしく焼けますよ。私のおすすめは厚めの食パンで作ること。豆腐よりやわらかい食感は、たまりません♡

Check! YouTube

材料 2人分

食パン(4枚切り)	2枚
A 牛乳	200mℓ
A 砂糖	大さじ2
A 卵	2個
バター	適量
ホイップクリーム(市販)	適量
アイスクリーム(市販)	適量
粉砂糖	適量

作り方

1. 食パンを4等分する。パンの耳はお好みで切り落としてもOK。
2. Aを混ぜてパンを1時間〜ひと晩ひたす。ひたせばひたすほど、トロトロになる。
3. フライパンを温め、バターを入れる。
4. バターが溶けてきたら2を入れ、余った液を少しずつかけながら両面焼き色がつくまで焼く。
5. 器に盛りつけ、ホイップクリームと好きなアイスクリーム、粉砂糖をかけたら完成。

FRENCH TOAST

ひと晩じっくりひたすことが
しっとり食感の秘訣

しっとりトーストと
トロトロヌテラ♪
ヌテラたっぷりが
MIYU流です

NUTELLA FRENCH TOAST

recipe name:

ヌテラ フレンチトースト

MIYU's Voice

アメリカンな朝食、ヌテラフレンチトースト。見た目の通り、甘いです。とても(笑)。でも、どんどん食べ進めてしまうおいしさなんです。卵液につけたトーストのじゅわじゅわ感、そして甘い卵の香りがヌテラとマッチしてとても食べやすいです。しっとりとしたトーストとトロトロになったヌテラの相性もバツグン。甘いものが好きな人もそうでない人も、一度は試してみてほしいレシピです♡

Check! YouTube

材料 2人分

食パン(6枚切り) …… 6枚
ヌテラ …… お好みでたっぷり
A
- 牛乳 …… 200mℓ
- 砂糖 …… 大さじ2
- 卵 …… 2個

バター …… 適量

作り方

1. 食パン3枚の間にそれぞれヌテラをたっぷりはさみ、3段にする。
2. Aを混ぜ合わせて1を1時間程度ひたす。
3. フライパンを温めたらバターを入れ、2を両面焼く。
4. 3を食べやすい大きさに切る。

recipe name:

150万人ありがとうのミルクレープ
超濃厚チョコミルクレープ
抹茶ミルクレープ

Check! YouTube

Check! YouTube

Check! YouTube

材料 作りやすい分量

A	クレープミックス	400g
	卵	4個
	牛乳	400mℓ
	サラダ油	大さじ1
B	生クリーム	400mℓ
	砂糖	30g

作り方

1. Aを混ぜ合わせてクレープ生地を作る。
2. フライパンを弱火で温め、1をお玉1杯分、素早く流し込みフライパンを回すように均一に広げる。1分ほど焼いたら端を竹串でめくり、フライ返しで裏返し再び1分焼く。
3. クレープと同等サイズの保存袋に氷水を入れておき、1枚焼けたら氷水入りの保存袋をのせ急冷させる。これを繰り返し10〜12枚焼く。
4. Bを合わせて泡立て、ホイップクリームを作る。
5. 3と4を交互に重ねて、冷蔵庫で冷やす。

MIYU's Voice

私がYouTubeをはじめて、最初に投稿したのがミルクレープでした。ミルクレープの層を崩して食べる瞬間がとても気持ちいいんですよね♪ ぜひみなさんにも味わっていただきたいです。甘さの中にほろ苦さがある抹茶のミルクレープ、ココア味の生地にハーシーズのチョコレートソースと幸せ共演が叶ったチョコミルクレープなど、アレンジもいろいろとできる大好きなスイーツです。

モチモチ弾力のある
クレープ生地は
チョコ味や抹茶味に
アレンジ可能

《超濃厚チョコミルクレープにする場合》
ココアパウダーを生地に大さじ1、生クリームに大さじ2入れる。器に盛ったらハーシーズのチョコレートソースをかける。

《抹茶ミルクレープにする場合》
抹茶パウダーを生地に大さじ1、生クリームに大さじ1入れる。器に盛ったら抹茶味のキットカットを砕いてのせ、ハーシーズのチョコレートソースをかける。

MILLE CREPE

CLOUD BREAD

ふわふわ♪ むしゃむしゃ♪
ほんのり甘いふわモチスイーツ

recipe name:

雲パン

Check! YouTube

MIYU's Voice

ふわふわ、しゅわしゅわなやさしい卵の甘さのパンです。雲パンは正直に言うと特別おいしいわけではありません(笑)。ですが見た目と食感は最高なんです☆ スイーツは見た目が本当に重要なので、見るだけで幸せになれる雲パンは十分、作る価値があります！ こちらのレシピは白1色ですが、着色料で簡単にカラフルな色をつけることができます♪ でも焦げてしまわないように、気をつけて♡

材料 作りやすい分量

卵白……3個分

A
- 砂糖……30g
- 片栗粉……10g
- バニラエッセンス……3滴

作り方

1. ボウルに卵白を入れて泡立てる。完全に泡立つ前にAを入れ、ツノが立つ程度に泡立てる。
2. 天板にクッキングシートを敷き、ゴムベラで1を落として整え、180度に温めたオーブンで15分焼く。

recipe name:

雲パン(チョコレート)

MIYU's Voice

チョコレート味にアレンジした雲パンはとても食べやすかったです♪ 混ぜ込んだチョコチップは、焼くことでサクサクに仕上がっています。パンの部分もココアを混ぜたので、まるでふわふわなチョコクッキーを食べているみたいでした。でき立てのほっかほかの雲パンは、心までホッとする、そんなやさしい味です。P74の雲パンとあわせて2色雲パンにするのもいいかも！

Check! YouTube

材料 作りやすい分量

- 卵白……3個分
- A
  - 砂糖……30g
  - 片栗粉……10g
  - バニラエッセンス……3滴
  - レモン汁……小さじ1/2
  - ココア……5g
- チョコチップ……大さじ2

作り方

1. ボウルに卵白を入れて泡立てる。完全に泡立つ前にAを入れ、ツノが立つ程度に泡立てる。
2. 1にチョコチップを加えて混ぜる。
3. 天板にクッキングシートを敷き、ゴムベラで2を落として整え、180度に温めたオーブンで15分焼く。

CHOCOLATE CLOUD BREAD

ふわモチの雲パンにチョコチップの
カリッと感がアクセント

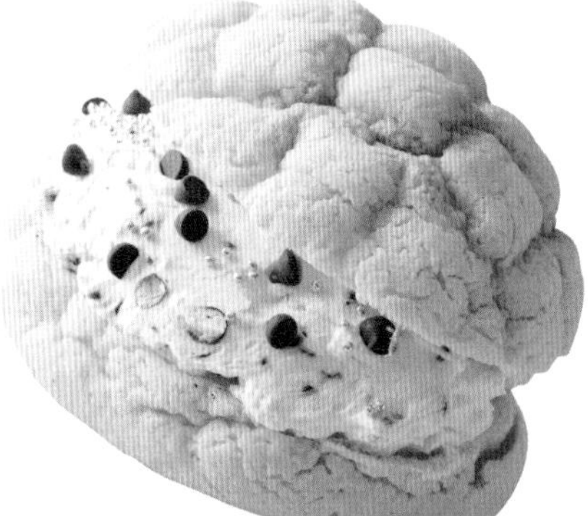

さっくりメロンパン×
ふわクリームに
チョコやアラザンの
カリカリ感をプラス

MELONBREAD WITH WHIPPED CREAM

recipe name:

ホイップクリーム メロンパン

MIYU's Voice

メロンパンがあったら、ぜひ、クリームとフルーツを挟んでみてください！ 見た目も味も格段にレベルアップしますよ。メロンパンを焼き目がつくまでトースターで焼いたら、しっかりパンを冷やすのがポイント。パンが温かいとクリームを挟んだときに溶けてしまうので注意してくださいね。今回は苺ですが、ほかにはどんなフルーツが合うかな……。メロンパンだからメロンもいいかも☆

Check! YouTube

材料

メロンパン	2個
チョコチップメロンパン	2個
ホイップクリーム（市販）	適量
チョコチップ	大さじ3
チョコチップやアラザン	お好みで
苺	2個

作り方

1. メロンパン、チョコチップメロンパンをトースターで焼き目がつくまで焼いたら、真ん中に切り込みを入れて冷蔵庫で冷やす。
2. ホイップクリームの半量にチョコチップ（大さじ3）を混ぜる。
3. 1のうちふたつに2をはさみ、お好みでチョコチップやアラザンをちらす。
4. 残りのふたつにホイップクリームを挟み、6等分に切った苺を飾る。

recipe name:

あんこ餅揚げパン ヌテラ餅揚げパン

MIYU's Voice

モチモチ食感とカリカリ食感の両方が楽しめる揚げパンです。パンのふちはカリカリじゅわっとしていておいしいです♡ 餅は電子レンジで温めてから包むとやわらかくなります♪ 揚げているのでおいしさがパワーアップ。パンの厚さはお好みですが、薄いほうがあんこやヌテラ、餅の主役感が増して贅沢な味わいに♪ ヌテラ餅を作るのは結構大変ですが、その先に究極のおいしさが待っていますよ♡

Check! YouTube

Check! YouTube

材料 2人分

切り餅 …… 4個
食パン(8枚切り) …… 8枚
こしあん …… 適量
水溶き片栗粉 …… 適量
サラダ油 …… 適量

作り方

1. 耐熱皿に餅を並べ、電子レンジ(600W)で1〜2分、様子を見ながらやわらかくなるまで加熱する。
2. パンの耳を切り落とし、パンの真ん中に1、こしあんをのせてもう1枚で挟む。同様に3個作る。
3. 2のパンの端の部分に水溶き小麦粉をぬり、麺棒やフォークで押しながらくっつける。
4. 170度に熱したサラダ油で3をきつね色に揚げ、半分に切る。切り落とした耳も同時に揚げて砂糖をまぶす。

〈ヌテラ餅揚げパンにする場合〉
1のあとヌテラを加えて混ぜ、2と同様にパンに挟む。
ほかの工程はあんこと同じ。

FRIED BREAD

餅&パンのW炭水化物を
カリッと揚げた満腹スイーツレシピ

外はモチモチ、中はふわふわ。
オレオの食感や塩味がポイントに

MOCHI COOKIE & CREAM

recipe name:

クッキー＆クリーム餅

MIYU's Voice

手軽にデザートを作りたいときにぴったりなレシピ。オレオを砕いて生クリームと混ぜてライスペーパーで包むだけです♪ 火を使わず、安全に簡単に作ることができるので、小さなお子さんといっしょに作るのも楽しいかも☆ 甘いバニラの香り♡ 想像以上のモチモチ食感♡ 食感を例えるなら、クレープや大福のようなモチモチ食感です。ライスペーパーには甘みがないから食べやすいです♪

Check! YouTube

材料 2人分

- 生クリーム …… 200mℓ
- 砂糖 …… 15g
- オレオ …… 15枚
- ライスペーパー …… 6枚
- ミント …… 適宜

作り方

1. 生クリームを泡立て砂糖を入れ、さらに好みのかたさまで泡立てる。
2. オレオ9枚はクリームをビスケットから取りのぞき、2等分に割る。
3. オレオ4枚はクリームごと砕き、1に混ぜる。
4. ライスペーパーを水にくぐらせてふやかしたら、2の2等分にしたオレオ3個をライスペーパーの真ん中にのせる。
5. 4の上に3の1/6量をスプーンでのせて四角く包む。
6. 6個作って器に盛ったら、残ったオレオ2枚を砕いて散らし、お好みでミントを飾る。

recipe name:

プロフィットロール

MIYU's Voice

シュークリーム、チョコレートソース、生クリーム、フルーツを盛りつけるだけで簡単に映えスイーツができ上がります♡ 時間がないときや急なパーティーにささっと作れたらかっこいいです！ 映えるだけでなく味もおいしいのでぜひ食べてほしいです。レシピでは苺を使いましたが、動画ではバナナをのせました。好きなフルーツとあわせてアレンジを楽しんでくださいね♪

Check! YouTube

材料 2人分

- 生クリーム …… 200mℓ
- 砂糖 …… 15g
- 苺 …… 適量
- ミニシュークリーム …… 15個
- ヌテラやハーシーズのチョコレートソース …… 適量

作り方

1. 生クリームを泡立てたら砂糖を入れ、さらに好みのかたさまで泡立てる。
2. 苺はヘタを取り、縦半分に切る。
3. ミニシュークリームと2を盛りつけたら、チョコレートソースをかけ、2を飾る。

PROFITEROLES

苺やバナナなど
フルーツを飾って
見た目もかわいく♡

recipe name:

スモアトースト チョコアイス

MIYU's Voice

バーベキューのときの焼きマシュマロっておいしいですよね♡ それをいっぱい食べられる夢のスイーツレシピ。スモアを、トースターで作ってしまうんです！ 甘くカリカリでトロトロなマシュマロ、そしてパンの香ばしさが相性抜群です♡ マシュマロは焼くときに焦げやすいので、気をつけてくださいね♪ チョコアイスといっしょに食べるのもおすすめです。

Check! YouTube

材料 2人分

食パン（6枚切り）…… 2枚
マシュマロ（大きめのもの）…… 18個
チョコレートソース…… 適量
チョコレートアイスクリーム（市販）…… 適量

作り方

1 食パンにマシュマロをのせ、トースターで焼き目がつくまで焼く。

2 チョコレートソースをかける。

3 チョコレートアイスクリームを添える。

S'MORE TOAST CHOCO ICE

CANDIED FRUITS

recipe name:

フルーツ飴

材料 作りやすい分量

お好みのフルーツ……適量
砂糖……160g
水……40g

作り方

1. 飴にしたいフルーツを串に刺して水気を取っておく。
2. 砂糖と水を混ぜ、フライパンで中火で加熱する。このとき、絶対にかき混ぜないこと！
3. 飴の甘い香りがしてきたら1に絡めて冷ます。

Check! YouTube

MIYU's Voice

甘くておいしいフルーツを飴でコーティング……。これがとてもおいしいんです♡ ただ、食べるときは気をつけて！ パリパリの飴で口の中が切れてしまうことがあります。少しずつ、よく噛んで食べてくださいね♡ コツは、事前にフルーツを30分以上、冷蔵庫で冷やすこと。常温のフルーツだと、飴の温度が高いためフルーツのフレッシュさが損なわれてしまいます。

カリカリの
衣のなかには
トロットロのお餅と
アイスが！

ICE CREAM TEMPURA

recipe name:

アイスクリームの天ぷら

MIYU's Voice

天ぷら料理の中でも一番罪深いアイスクリームの天ぷら。アイスクリームを揚げるのは何度か失敗していますが、雪見だいふくなら比較的簡単にできます。雪見だいふくをなるべくかたく凍らせて、衣だけに火を通すイメージでサッと揚げるのがポイントです。衣はサクサク、中はトロトロなアイスクリームがたっぷり♡ バニラ味のアイスにはメープルシロップをトッピングするとさらにおいしく♡

Check! YouTube

材料 2人分

雪見だいふく……6個
天ぷら粉……適量
水……適量
サラダ油……適量
メープルシロップ……適量

作り方

1. 雪見だいふくをドライアイスで冷やし固める。
2. 天ぷら粉と水を袋の表記に従って混ぜ、雪見だいふくをくぐらせて170度に熱したサラダ油で揚げる。
3. 2にメープルシロップをかけたら完成。

recipe name:

ヌテラクレープ

MIYU's Voice

濃厚なヌテラのチョコレートソースが口いっぱいに広がるクレープです。ヌテラとバナナがモチモチのクレープ生地に包まれるので、見た目通り甘いです(笑)。チョコレートが好きな人は、ヌテラをたっぷり塗るのがおすすめです。甘すぎるのが苦手という人はヌテラの量を減らして、薄めに塗るといいと思います♪ バナナの代わりに苺やほかのフルーツを使ってもいいですね！

材料 2人分

A
- クレープミックス …… 200g
- 卵 …… 2個
- 牛乳 …… 200mℓ
- サラダ油 …… 大さじ1/2

バナナ …… 4本
ヌテラ …… お好みでたっぷり

Check! YouTube

NUTELLA CREPE

作り方

1 Aを混ぜ合わせてクレープ生地を作る。

2 フライパンを弱火で温め、1をお玉1杯分、素早く流し込みフライパンを回すように均一に広げる。1分ほど焼いたら端を竹串でめくり、フライ返しで裏返し再び1分焼く。

3 2に輪切りにしたバナナとヌテラをのせて巻く。

recipe name:

焼きシュークリーム

材料

シュークリーム……………………4個

作り方

1. シュークリームを冷凍する。
2. トースターで表面に焦げ目がつくくらい焼いてカリッとさせたら完成。

Check! YouTube

MIYU's Voice

市販のシュークリームをトースターで焼いただけ。たったひと手間加えるだけで超簡単なんですが、外がサクサク、温められたクリームがトロトロでおいしくなります。ただ、ホイップクリームが入っているシュークリームは、焼いているときに溶け出てくることがあるので、作る際はカスタードクリームのシュークリームがおすすめです!! トースターは、熱源との距離が近いので、シュークリームの頂点が焦げやすいです。黒焦げにならないように気をつけてください♡

recipe name:

あんバター揚げ餅

MIYU's Voice

揚げたお餅にあんことバターをのせれば極上スイーツの完成！ あんこが苦手な人は、チョコレートソースや砂糖しょうゆを絡めてもおいしいです。「カリッ」「サクッ」「モチッ」「伸び～っ」のいろいろな食感と音を楽しめます！ 揚げ餅は熱いので、やけどには注意してもらいながらも、温かいうちに食べてほしいです。伸びるおいしい揚げ餅が食べられます♡ バターがくどいと感じたら少し控えめにしても◎。

Check! YouTube

RED BEAN PASTE AND BUTTER FRIED MOCHI

材料 2人分

切り餅 …… 6個
サラダ油 …… 適量
つぶあん …… 大さじ6
バター …… 6かけ

作り方

1. 切り餅を170度に熱したサラダ油で揚げる。
膨らんできたら取り出して、油をきる。

2. つぶあん、バターをのせる。

材　料　2人分

まんじゅう……………………6個
サラダ油……………………適量

作り方

黒糖まんじゅうなど、
好きなあんこが入ったやわらかいまんじゅうを180度に熱したサラダ油で揚げる。

Check! YouTube

FRIED MANJU

recipe name:

お月見揚げまんじゅう

MIYU's Voice

市販のおまんじゅうを揚げるだけでおいしさがレベルアップします！ 揚げたあんこほどおいしいものはないです♡ 揚げたてはカリカリじゅわっとした食感です。あんこが熱々なのでやけどをしないように注意してください！ つぶあん、こしあん、黒糖や白あんなどいろいろな種類のおまんじゅうが売っていると思うので、好きなおまんじゅうで試してみてくださいね♪

みんないつもありがとう♡

YouTubeのこと、料理のこと、プライベートのこと……

みんなの質問にMIYUが答えます♪

SNSで募集したみんなの質問に、MIYUちゃんが回答！ YouTubeやSNSではわからないMIYUちゃんの素顔がわかっちゃうかも!?

about FOOD

Q 1日何食食べるの？

A **たくさん食べるのは1回だけ。**
ほかにちょこっと食べを何回かしています

Q いつからたくさん食べるようになったの？

A **小学生**のときにはすでによく食べていました

Q 1番好きな食べ物は？

A **お肉**と**お米**

Q パン、麺、米。MIYUちゃんはどれ派？

A 結局、**米**です

Q いつも食べているお米の品種を教えて！

A **魚沼産コシヒカリ**一択！

Q 料理はひとりで作っているの？

A **メニューによっては母に手伝ってもらうことも。**
撮影用はできたてがいいので、母と私で分担して作っています

Q 料理をし始めたのはいつ？

A **中学生**のとき

Q 今までに作ったお気に入りの料理は？

A **和牛ステーキ、ナポリタン、フレンチトースト、唐揚げ**

Q 料理にかかる時間は？

A すぐできる簡単なものもあるけど、**大体30分から長くて5時間**くらい

Q 料理のアイデアはどうやって浮かんでくるの？

A 食べたいものを思いついたら**メモ**しています。
どのレシピにするか悩んだときはそのメモを見て決めることも

Q 今までに失敗した料理は？

A **アイスクリームの天ぷら**

Q 1番大変だった料理は？

A **超濃厚チョコミルクレープ。**
朝までかかった……

Q ひとり暮らしズボラ男子大学生におすすめのレシピを教えて

A **ご飯**のうえに**明太子**をのせて**マヨネーズ**をかけ、**海苔**で巻きながら**食べる！**

Q タンパク質豊富なおすすめの食べ物はある？

A **棒棒鶏**

Q おすすめのヌテラスイーツは？

A **コーンフレークにヌテラ**をかけて食べるだけでおいしい！

Q MIYUちゃんのご飯のおともナンバーワンは？

A **明太子**

Q 食いしん坊エピソードを教えて

A 家族のクリスマスパーティーは、いつも**ケーキを3ホール**買います

Q マミーと作った思い出の料理を教えて！

A **初めてカルボナーラを作ったとき。**
本当においしかった♡

Q 地球最後の日に食べたいものは何？

A **前菜**と**お肉料理**と**お魚料理**と**デザート**を**家族**といっしょに食べたい！

about YouTube

Q YouTubeやASMRを始めようと思ったきっかけは？

A おいしいものを食べることやASMRが好きだったから！

Q YouTubeを始めて変わったことは？

A 食べ物がもっと好きになった！

Q 1番お気に入りのASMR動画は？

A 揚げバターかな

Q 撮影するときに心がけていることはある？

A ASMRは音を楽しんでもらうものなので、咀嚼音がちゃんと録れるようにまわりを無音にすること

Q アップしているレシピでおいしかった料理ベスト5は？

A 和牛ステーキ、チョコミルクプリン、揚げバター、海老ユッケ丼、辛い生エビ

Q ASMR以外でやってみたいYouTubeの企画は？

A 海外旅行の様子をアップしてみたい！

about Beauty

Q 美しい体形を維持する秘訣を教えて！

A よく寝て少しは動くこと、あとは定期的にストレス発散する。私のストレス発散方法は犬と触れ合ったり、お出かけしたり、おしゃれをすることです♪

Q MIYUちゃんのきれいなお肌に近づきたい！スキンケアの方法を教えて！

A 紫外線は美肌の大敵！
外出時は日傘がマスト。スキンケアはシンプルに保湿を意識しています

Q たくさん食べているのに太らないMIYUちゃんがうらやましい！ おすすめのダイエット方法はある？

A 寝る直前に食べないこと。
あと、睡眠時間をしっかり確保することも大切です

Q お気に入りのコスメは？

A ロムアンドのリップ♡

Q やってみたいヘアカラーは？

A 色を抜きっぱなしにしたブロンド！

Q 1番気に入っている髪色や髪形は？

A 初めてカラーをピンクにしたときは最高な気分だった！

about Private

Q 血液型は何型？

A O型

Q 好きな色は？

A 水色とピンクと白

Q チャームポイントはどこ？

A 背が高いところ！ 実は172cmくらいあるんです

Q 1日のスケジュールを教えて！

A 朝5時から17時まで睡眠。17時に起きたら夜中の2時まで撮影などYouTube関連のことをしています。2時から5時までが自由時間。この間にお風呂に入って好きなことをしています

Q 寝起きのルーティンを教えて！

A 家族の一員、フレンチブルの桃太郎を撫でること。
あと毎日お茶を必ず1杯飲みます

Q お休みの日は何をしているの？

A お出かけしたり、美容室に行ったりしています

Q 1番ハッピーな瞬間は？

A お風呂上がりに好きなことをするとき。
特にアイスを食べているときがハッピーです

Q 学生時代、部活には入っていた？

A 日本舞踊部と華道部に入っていました

Food Coordination & Styling：Yuko Hara（Vita）

Cooking assistance：Akiko Kubota, Chihiro Yamazaki（Vita）

Photo：Mika Sasaki

Design：Yuuki Nakano

Edit & Write：Yuka Matsushima（cosaelwork）, Rina Kozu（Takarajimasha）, Nobuko Koyama

大人気YouTuber秘伝のレシピ大公開！

MIYUの爆食やみつきご飯

2023年11月23日　第1刷発行

著者　MIYU
発行人　蓮見清一
発行所　株式会社宝島社
〒102－8388
東京都千代田区一番町25番地
電話　編集03－3239－0928
営業03－3234－4621
https://tkj.jp
印刷・製本　株式会社広済堂ネクスト

Printed in Japan
ISBN 978-4-299-04758-8